SUPERARE L'INFEDELTÀ

Riacquistare fiducia in se stessi e nella propria relazione dopo l'infedeltà

SUPERARE L'INFEDELTÀ

Riacquistare fiducia in se stessi e nella propria relazione dopo l'infedeltà

scritto da Sophie Mévisse
tradotto par Sara Rossi

SUPERARE L'INFEDELTÀ

RIACCENDERE LA FIDUCIA IN SE STESSI E NELLA PROPRIA RELAZIONE DOPO UN'INFEDELTÀ

- **Problematico?** L'infedeltà è un'esperienza dolorosa che scuote fortemente la coppia. La persona tradita perde fiducia nel partner e spesso anche in se stessa. L'angoscia è talvolta così intensa da distruggere la speranza di vivere una relazione in cui la fedeltà sia rispettata. Come superare una simile prova?

- **Quali sono gli obiettivi?** L'obiettivo principale è quello di superare l'esperienza dell'infedeltà e trovare punti di riferimento che possano aiutarvi in questo doloroso processo. Si tratta di comprendere meglio le cause dell'infedeltà del partner e di imparare a gestire le emozioni che vi travolgono quando scoprite il tradimento, in modo da poter intraprendere un processo decisionale sulla vostra relazione.

- **FAQ**
  - È colpa mia se il mio partner è stato infedele?
  - Devo chiedere al mio partner di raccontarmi subito le circostanze dell'infedeltà?
  - Il mio partner non ha problemi di dipendenza sessuale?
  - Cosa possiamo fare concretamente io e il mio partner infedele per ricostruire la nostra relazione?

- Sono così arrabbiato per l'infedeltà del mio partner che voglio avere accesso al suo cellulare, alle sue e-mail e ai suoi siti di social network: è ragionevole?

- Come faccio a sapere se devo lasciare il mio partner o rimanere con lui/lei?

- Dobbiamo parlarne con i bambini, e come?

> *"Chiedersi perché, cosa ho fatto di male, cosa posso aver fatto per meritarmi questo, chiedersi chi fosse quest'altro ragazzo, se sapesse che avevamo una relazione [...] Bisogno di allontanarsi, di scappare, di curare il proprio dolore lontano dall'altro, di non sentirlo per un po'".* (Erwan, 30 anni)

L'infedeltà non accade sempre agli altri... Può accadere senza preavviso e senza che sappiate come affrontarla, come superare la sofferenza e lo sconvolgimento che provoca. In questa guida parleremo delle cause dell'infedeltà, ma anche dei mezzi concreti da mettere in atto per ricostruire se stessi, oltre che per dare (o meno) una possibilità alla propria coppia.

> *"Dai 17 ai 22 anni sono stato con la stessa ragazza, è stata il mio primo amore. [...] Era al secondo anno di università quando uno dei suoi amici mi disse che non era onesta con me e che si vedeva con altri ragazzi. Non riuscivo a crederle, la mia ragazza era una ragazza schiva, fedele e sensibile, o almeno così pensavo. L'ho affrontata, lei ha negato [...]. La cosa peggiore è che ho creduto alle sue parole. Poco più di un*

L'infedeltà, quando viene scoperta, è sempre crudele senza limiti: polverizza il luogo sacro che era il rapporto d'amore, demolisce la fiducia e solleva interrogativi molto dolorosi. Insieme cercheremo di capire che cos'è davvero l'infedeltà, che cosa può purtroppo portare una coppia a sperimentarla un giorno e, soprattutto, come superare questa prova ricostruendo la fiducia perduta.

INFEDELTÀ: UNA NOZIONE SOGGETTIVA

COSA SIGNIFICA ESSERE INFEDELI?

A seconda della persona, l'infedeltà inizia con un sorriso troppo interessato, una chiacchierata a tarda notte con un collega, un interesse troppo forte per un'altra persona, un bacio, una serata fuori con un'altra persona, un video pornografico che si guarda, ecc. Il concetto di infedeltà è quindi visceralmente soggettivo. Può anche variare per la stessa persona a seconda dei suoi partner nel tempo! Tuttavia, sembra esserci un consenso: per la maggior parte delle persone, l'infedeltà è una trasgressione dell'esclusività sessuale e amorosa.

Per iniziare bene, è sempre utile comunicare le aspettative dell'altro sulla fedeltà, fin dall'inizio della relazione. Anche se può non sembrare ovvio, una discussione di questo tipo permette innanzitutto di chiarire le aspettative di ciascuno in termini di fedeltà, ma anche di evitare che il partner, se è disonesto, possa dire che "non lo sapeva".

> *"L'infedeltà è quando non rispettiamo i limiti del nostro partner in termini di sentimenti che possiamo provare, azioni fisiche o parole che possiamo avere con un altro. Sto parlando di limiti che sono stati chiaramente stabiliti e citati. (H., 35 anni)*

Va inoltre notato che, per principio, le relazioni sentimentali sono monogame, sono implicitamente esclusive. Se per la maggior parte delle persone questo è evidente, per altre non lo è necessariamente, da qui l'interesse a confrontarsi precocemente con le proprie aspettative di fedeltà.

> *"Per me l'infedeltà è un concetto molto complicato. Dovreste essere in grado di parlarne apertamente con il vostro partner, della vostra e della sua idea, e trovare una sorta di equilibrio. Credo che il mio concetto di infedeltà vari a seconda del mio partner. (Lea, 25)*

SIAMO DAVVERO TAGLIATI PER LA MONOGAMIA?

La risposta a questa domanda è piuttosto sorprendente! Sembra che non sia nella nostra natura di esseri umani essere monogami. Carl Zimmer (scrittore americano di divulgazione scientifica, nato nel 1966) afferma che solo il 9% dei mammiferi è monogamo. Secondo Beverley Golden (scrittrice canadese e consulente per la salute e la vitalità), ciò è dovuto al fatto che la monogamia non è naturale per noi, mentre la fedeltà è un impegno reale, consapevole e permanente nei confronti del proprio partner. Non tutti possono, e a volte non vogliono, impegnarsi così tanto in questa "costrizione" ad essere fedeli!

> *"Non ricordo di essere mai stato fedele in una relazione. Essere infedele non significa non amare la ragazza con cui sto, è solo una cosa*

La fedeltà, come abbiamo visto in precedenza, è definita come esclusività sessuale ed emotiva con il proprio partner; siamo innamorati solo del nostro partner e facciamo sesso solo con lui/lei. In teoria, può sembrare facile, perché amiamo il nostro partner; in realtà, a volte è più complicato, perché la fedeltà non riguarda solo il sentimento d'amore: è anche una questione di desiderio, di attrazione fisica, e incontriamo tentazioni nel corso della nostra vita.

Dobbiamo anche notare che nella nostra vita attraversiamo fasi di interrogativi e dubbi che possono allontanarci dal nostro partner, perché non è detto che anche noi ci muoviamo nella sua stessa direzione. Di conseguenza, queste fasi ci rendono più vulnerabili alle tentazioni.

qualche tentazione; d'altra parte, ho avuto cotte, fughe (platoniche) e due storie d'amore. Non la considero un'infedeltà, perché non sono andata a letto con nessuno e non ho baciato nessuno e, soprattutto, non ho promesso nulla a nessuno che non fosse il mio partner. In seguito, di regola, ho flirtato e mi sono vestita per sedurre.

Cinque anni fa ho attraversato una fase in cui volevo che passassimo a una relazione aperta, ma lui non voleva. Ha detto che era troppo geloso se vedevo altre persone, ma voleva vedere altre donne. Mi ha persino detto che a volte voleva andare a letto con altre donne, solo per conoscere altri corpi. E per me, sono le fasi di seduzione che a volte mi mancano. Voler essere due persone ed essere fedeli l'una all'altra è un impegno, è qualcosa su cui bisogna lavorare, e capisco che si ceda, perché io ho quasi ceduto già due o tre volte. (Claire, 33 anni)

ESISTONO DIVERSI "TIPI" DI INFEDELTÀ?

La ricerca in psicologia e sociologia studia da tempo il tema dell'infedeltà. Da tutti emerge soprattutto che la nozione di fedeltà è complessa da cogliere. Questa complessità è dovuta soprattutto al carattere piuttosto soggettivo, come abbiamo appena detto, della nozione di fedeltà. Inoltre, i ricercatori hanno sempre riconosciuto che gli studi possono essere leggermente distorti da un punto di vista metodologico, perché trovare partecipanti che accettano pienamente la loro infedeltà è relativamente difficile.

La combinazione di questi elementi spiega perché i risultati della ricerca sulla fedeltà sono talvolta contraddittori, spesso lontani dal raggiungere un consenso. Tuttavia, sembra che si possano individuare diverse categorie di infedeltà.

Infedeltà sessuale

Come dice il nome, questo tipo di infedeltà riguarda solo la dimensione sessuale. È il classico caso di un partner che ha rapporti sessuali con un'altra persona o con prostitute. Questo tipo di infedeltà è generalmente dovuto a una mancanza da colmare dal punto di vista sessuale, al bisogno di avere rapporti con altre persone o di sperimentare certe pratiche sessuali che non si ha necessariamente il coraggio di affrontare in coppia per paura dello sguardo dell'altro. Non dimentichiamo che con il tempo il desiderio tra i partner può affievolirsi, portando talvolta anche alla completa cessazione dei rapporti sessuali. Tali circostanze possono ovviamente aumentare la tentazione di trovare nuove sensazioni sessuali al di fuori della coppia.

Infedeltà emotiva

Ha una dimensione più platonica, non ci sono atti sessuali. L'infedeltà emotiva è quando si provano sentimenti per una persona diversa dal partner. Innamorarsi di qualcuno non è un atto deliberato, spesso è qualcosa che "cade in grembo" senza preavviso. Basta sentirsi abbandonati dal proprio partner, attraversare una fase difficile della vita di coppia, e saremo più sensibili a una persona che si avvicinerà a noi, offrendoci ciò che il nostro partner non può più offrirci, in termini di attenzione, novità, ecc.

Infedeltà globale

Si tratta di una combinazione dei due tipi di infedeltà sopra citati. Si tratta di una relazione sentimentale "completa" condotta al di fuori della coppia. In altre parole, è il classico caso di una doppia vita sentimentale. Questo tipo di infedeltà è più sintomatico, rispetto ai due precedenti, di una mancanza di fiducia in se stessi, di un vuoto affettivo da colmare – o anche di una dipendenza affettiva molto forte (le persone che tradiscono hanno bisogno di essere e sentirsi amate, hanno paura di rimanere sole).

Infedeltà online

Quest'ultimo tipo di infedeltà è emerso con la democratizzazione e la diffusione di internet a partire dai primi anni 2000. Con internet, la pornografia ha assunto una nuova dimensione (video amatoriali, *cam girl*, chat e varie chat room vietate ai minori) e la natura fondamentalmente anonima del web ha permesso di aprire gli orizzonti sessuali, nella riservatezza.

Questa infedeltà è un po' più sottile di quelle menzionate sopra e più difficile da definire a causa del suo carattere "artificiale" dovuto allo schermo. Infatti, in assenza di un contatto diretto tra le persone, è sessuale senza essere sessuale (non c'è contatto fisico, ma può esserci masturbazione via webcam tra il partner e una terza persona), e non è nemmeno propriamente emotivo (anche se ci si può innamorare di qualcuno online senza averlo conosciuto nella vita reale, parlandoci in chat o sui forum).

Vale anche la pena di notare che le persone sessualmente dipendenti (vedi Dipendenza sessuale) sono più propense a ricorrere a questo tipo di infedeltà, poiché basta una connessione a internet e l'accesso è immediato, a qualsiasi ora del giorno o della notte e in qualsiasi luogo.

DALLA PARTE DELL'INFEDELE, LE RAGIONI DELL'INGANNO

Ma cosa favorisce l'infedeltà all'interno di una coppia? Come possono le coppie felici finire per tradirsi? Anche in questo caso, come si può immaginare, è difficile individuare elementi validi in tutti i casi, in termini assoluti. Sono necessarie cautela e sfumature, poiché ogni situazione e ogni persona sono uniche.

Ad esempio, nel suo articolo *"How Likely Is Your Partner To Cheat?"* (*Quanto è probabile che il vostro partner vi tradisca?*), Juliana Breines (PhD in Psicologia sociale e personale, nata nel 1983) discute il caso del potere. L'autrice cita uno studio del 2011 che dimostra che più alta è la posizione sul posto di lavoro, più è probabile che si tradisca il partner, indipendentemente dal sesso. Tuttavia,

Juliana Breines ammette che in altri studi i ricercatori hanno scoperto che quando un uomo dipende finanziariamente dalla sua partner, è più probabile che la tradisca.

Secondo Jeanna Bryner (giornalista scientifica) nel suo articolo *"Surviving Infidelity: What Wives Do When Men Cheat"* (*Sopravvivere All'Infedeltà: Cosa Fanno Le Mogli Quando Gli Uomini Tradiscono*), ciò che contribuisce a questi risultati paradossali sull'infedeltà è anche il fatto che le radici dell'infedeltà differiscono tra i sessi: le donne sono più propense a essere infedeli quando si sentono emotivamente trascurate dal partner, mentre gli uomini sono più propensi a essere infedeli perché cercano esperienze sessuali in se stessi. Di conseguenza, gli uomini sono meno propensi a perdonare una donna sessualmente infedele, mentre le donne sono più propense a perdonare un'avventura di una notte o una relazione sessuale che non coinvolge l'aspetto emotivo.

 ## LO SAPEVATE?

Le ricerche indicano che l'infedeltà sessuale è più spesso commessa dagli uomini, mentre le donne tendono ad essere più propense all'infedeltà emotiva, spesso a causa di una generale insoddisfazione nella relazione. Le donne sono più propense a perdonare l'infedeltà sessuale rispetto a quella emotiva, mentre gli uomini sono più disposti a perdonare una donna che è stata infedele emotivamente piuttosto che sessualmente.

Per spiegare questa differenza, è stato fatto un collegamento con comportamenti antichi, che avremmo ereditato geneticamente. Fin dall'inizio dell'umanità, gli uomini sembrano essere stati "programmati", dal punto di vista ormonale e sessuale, per riprodursi con un gran numero di partner al fine di garantire la loro discendenza, a differenza delle donne, il cui corpo è tenuto a prendersi cura del figlio di un solo partner per un certo periodo di tempo (gestazione, allattamento). Inoltre, le donne dipendono dall'aiuto del partner: sono gli uomini a fornire cibo alla famiglia e a proteggerla da potenziali pericoli, creando così un ambiente favorevole allo sviluppo dei bambini.

Forse è in questa organizzazione sociale primitiva che un uomo sarebbe meno propenso a scusare l'infedeltà sessuale: gli uomini vogliono garantire la continuità del loro sangue (e non quello di un altro uomo). Le donne, d'altro canto, tendono a cercare la protezione del proprio partner e sono quindi meno propense a perdonare un partner che viene coinvolto emotivamente altrove.

Ciò nonostante, alcuni elementi sembrano essere riconosciuti in modo abbastanza unanime – nel senso che non sono specifici di una particolare categoria di età o di una categoria socio-culturale – come fattori che favoriscono l'atto di infedeltà: l'insoddisfazione generale all'interno della coppia, la necessità di mettere alla prova la coppia o di romperla, le opportunità e infine il caso particolare della dipendenza sessuale. Analizziamo ora ciascuno di questi aspetti in modo più dettagliato.

Insoddisfazione generale della coppia

L'insoddisfazione nella coppia è un fattore molto importante. È coinvolto in un modo o nell'altro in tutte le categorie descritte in questa sezione.

Ma cos'è veramente l'insoddisfazione? L'insoddisfazione è un termine ampio che può assumere diversi significati. Per i nostri scopi, considereremo che l'insoddisfazione generale è simile alla sensazione che manchi qualcosa nella nostra vita. Questo sentimento di insicurezza può essere dovuto a una sofferenza personale (si parlerebbe allora di una persona con una certa fragilità narcisistica, che ha bisogno di rassicurarsi continuamente) o può essere direttamente collegato a una difficoltà relazionale vissuta nella coppia. In entrambi i casi, è caratterizzata dalla sensazione di avere un vuoto da riempire.

Questo vuoto da riempire può essere di vario tipo. A volte si tratta di una generale mancanza di fiducia in se stessi che deve essere colmata. Indipendentemente dalla coppia formata, dalla benevolenza o meno del partner, la persona che soffre di questa mancanza di fiducia cercherà costantemente di convincersi, senza mai riuscirci, di poter piacere, cercando instancabilmente di suscitare ammirazione, di sedurre.

A volte questo vuoto si verifica quando uno dei due partner non si sente più sostenuto, ascoltato o amato dall'altro. È quindi più probabile che si accorga di qualcuno che è interessato a lui/lei, che mostra gesti che il suo partner non ha più per lui/lei. Anche in questo caso, il fatto di non sentirsi sufficientemente sostenuti dall'altra persona può essere, in alcuni casi, una vera e propria mancanza di sostegno nella coppia e, in altri, una fragilità più personale.

> *"Era qualche anno fa, il mio compagno aveva diverse attività settimanali al di fuori del suo lavoro e io mi sentivo trascurata. Avevo problemi di salute spaventosi, avevo bisogno del mio compagno, ma lui aveva bisogno del suo sport e delle sue attività con gli amici. Poi ho conosciuto M. tramite amici. Io e M. abbiamo avuto per due mesi una relazione platonica, molto intensa, ma a distanza (lui viveva a 200 chilometri di distanza). M. mi capiva, eravamo sulla stessa lunghezza d'onda e mi dava quello che il mio partner non mi dava: sostegno e affetto". (J., 37 anni)*

In altri casi, questo vuoto è legato a una sensazione di noia, di "piattezza" nella coppia. Così, la monotonia, nonostante costituisca una struttura rassicurante, può danneggiare gravemente il sentimento amoroso, impantanando i partner in una noia e in una prevedibilità alienanti. Quando la vita matrimoniale diventa un'abitudine, come lavarsi i denti tutti i giorni, quando la relazione ha perso la fantasia di un tempo, non è raro che uno o entrambi i partner sentano il bisogno di andare altrove piuttosto che vivere nella nostalgia di una relazione che non c'è più. Naturalmente, l'instaurazione di una routine quotidiana è inevitabile fino a un certo punto; il segreto delle coppie durature sta nell'investimento di ciascun partner per rompere la monotonia il più spesso possibile.

> *"Sui motivi dell'infedeltà] Routine. Assenza ripetuta di uno dei due partner. Mancanza di una comunicazione approfondita e regolare. Uno dei due partner rende la vita difficile all'altro (ad esempio, lamentandosi in continuazione). Differenze negli orari di vita quotidiana. Noia".* (Lea, 25)

Come avrete capito, un senso di insoddisfazione generale favorisce in modo quasi permanente l'infedeltà. Questo vale ovviamente sia per gli uomini che per le donne, anche se sembra che le donne siano più sensibili a questo criterio.

Infedeltà pretestuose

Il dottor Christophe Fauré (psichiatra e psicoterapeuta francese) nel suo libro *Est-ce que tu m'aimes encore?* parla di quella che chiama "infedeltà pretestuosa". L'infedele, nel commettere il suo atto, avrebbe in questo preciso caso l'obiettivo implicito di rompere con il partner o, quanto meno, di mettere alla prova la sua coppia. Lo scopo dell'infedeltà è quindi quello di far implodere la relazione.

Le ragioni di queste azioni sono molteplici. Possono essere radicati in un desiderio di vendetta (il partner è stato tradito e vuole tradire a sua volta per riequilibrare il rapporto), un desiderio di testare la forza del rapporto, o anche di riconquistare l'attenzione del partner, ecc.

In alcuni casi, il partner cerca di rompere senza trovare una tattica "migliore" per uscire dalla relazione. Preferisce la radicalità dell'infedeltà, che crea una scusa chiara e violenta per rompere, piuttosto che comunicare a lungo con il partner il suo desiderio di non continuare la relazione. Questo tipo di elusione del problema può essere il risultato di una difficoltà di comunicazione all'interno della coppia, della paura di non avere un motivo veramente valido per lasciarsi, del desiderio di evitare qualsiasi discussione per dare alla coppia un'altra possibilità, ecc.

L'opportunità di essere infedeli

L'opportunità, cioè la possibilità di essere infedeli mentre si è lontani da casa, è un criterio un po' diverso dai precedenti, nel senso che non causa effettivamente l'infedeltà. Si tratta piuttosto di un elemento contestuale che può incoraggiare l'atto se la persona ci sta pensando.

Può trattarsi, ad esempio, di lavorare all'estero, viaggiare regolarmente per conferenze, incontrare persone potenzialmente interessanti dal punto di vista sessuale e/o emotivo. Ad esempio, chi lavora da casa ha statisticamente meno probabilità di incontrare nuove persone rispetto ad un giornalista che fa reportage dall'estero o ad un uomo d'affari che vola come alcuni cambiano la camicia. Il fattore di rischio "opportunità" aumenta quindi in funzione degli incontri professionali – e naturalmente extra-professionali.

Naturalmente, il fatto che il vostro partner viaggi molto per lavoro e che abbia abitualmente incontri multipli non significa che vi tradirà. Non si tratta assolutamente di un carattere causale. L'origine, la causa scatenante dell'atto infedele è sostenuta, come abbiamo detto in precedenza, da una qualche forma di insoddisfazione generale, legata o ad una sofferenza più personale o a difficoltà relazionali nella coppia. Le opportunità aumentano semplicemente la probabilità che una persona insoddisfatta della propria relazione commetta adulterio, in quanto ha più opportunità di farlo.

Dipendenza dal sesso

Passiamo ora al caso più specifico della dipendenza sessuale, che è una forma di dipendenza. A differenza dell'opportunità, che può portare a varie forme di adulterio, la dipendenza sessuale si concentra esclusivamente sul bisogno compulsivo e frequente di fare sesso, masturbarsi o guardare video pornografici.

Questo bisogno frequente è sia una causa che una conseguenza dell'insoddisfazione sessuale. In effetti, la persona che soffre di questo tipo di dipendenza non potrà mai essere pienamente soddisfatta dal punto di vista sessuale, poiché è impossibile per lei raggiungere la sazietà sessuale, indipendentemente dalla relazione che intraprende.

Quando il vostro partner è affetto da questa malattia non prendetela sul personale: è un impulso irrefrenabile che è difficile da combattere. In pratica non c'è nulla che possiate fare per aiutarlo, a parte il supporto psicologico.

La dipendenza sessuale viene trattata come i problemi di droga e alcol: è un problema che non può essere risolto da nessuno se non da se stessi. Richiede un enorme lavoro su se stessi e una volontà incrollabile di non cedere ad una tentazione compulsiva. È auspicabile anche un follow-up psicologico individuale per la persona che soffre di questo disturbo, per dare una direzione al suo recupero e avere un quadro d'azione.

I gruppi di sostegno per le dipendenze sono una forma di supporto interessante per il modo in cui operano e per la banalizzazione dell'esperienza che rappresentano: la persona avrà un forum molto ricettivo nei confronti dei suoi problemi, che può incoraggiarla più delle persone che la circondano, che non possono fondamentalmente "capire" le questioni coinvolte in una dipendenza sessuale allo stesso modo di altre persone direttamente colpite dal problema.

Superare l'infedeltà, il percorso per ricostruire la fiducia

L'esperienza dell'infedeltà in una relazione è spesso un'esperienza emotivamente dolorosa per entrambi i partner, *soprattutto* quando i partner continuano ad amarsi e a voler condividere la loro vita.

Il recupero dall'infedeltà è un processo lungo che implica necessariamente il ripristino della fiducia: fiducia in se stessi come individuo che può essere rispettato ed amato; fiducia nell'idea che una relazione fedele sia ancora possibile, sia con il partner che ha tradito sia in una nuova relazione. Il superamento dell'infedeltà può quindi avvenire da due prospettive: la prima è più personale, la seconda mira a ristabilire la fiducia nella coppia. La persona tradita deve fare entrambe le cose in parallelo.

Secondo Jeanna Bryner in *"Surviving Infidelity: What Wives Do When Men Cheat"* (*Sopravvivere All'Infedeltà: Cosa Fanno Le Mogli Quando Gli Uomini Tradiscono*) e Tammy Nelson (autrice e terapeuta sessuale americana) in *"Can I Get Over An Affair? Le Tre Fasi Del Recupero"*, la vittima dell'infedeltà attraversa tre fasi classiche di "ricostruzione".

LA TEMPESTA EMOTIVA

È sicuramente una delle fasi più difficili da attraversare. Le emozioni si susseguono violente, contraddittorie e non lasciano tregua. Le lacrime, la rabbia, la tristezza sembrano infinite; la disperazione e il disgusto si alternano ai sentimenti di tenerezza e di attaccamento che ancora provate nei confronti del vostro partner. È molto difficile uscire da questo vortice, ed è meglio accettarlo: lasciate che le vostre emozioni "fluiscano", accettate di sentire ciò che sentite.

Il dottor Christophe Fauré (in *Est-ce que tu m'aimes encore?*) osserva che lo shock emotivo causato dalla rivelazione di un'infedeltà può avere conseguenze psicologiche molto difficili da gestire per la persona ingannata, che a volte sfociano nella sindrome da stress post-traumatico. Questa sindrome compare in seguito a un trauma psicologico importante (in questo caso, lo shock della scoperta dell'infedeltà) ed è caratterizzata da ossessioni (rivivere le scene in cui si è appreso dell'infedeltà, immagini dell'infedeltà che girano in continuazione), da un aumento dell'ansia (uno stato di stress permanente, essere costantemente all'erta) e da comportamenti di evitamento (evitare cose, luoghi o persone che potrebbero ricordare l'infedeltà).

Sebbene sia normale essere scossi da una notizia del genere, lo shock dovrebbe attenuarsi con il tempo; in caso contrario, non si dovrebbe esitare a consultare un terapeuta per trattare lo stress post-traumatico, perché quando si stabilizza nel tempo, assume un aspetto potenzialmente patologico con ripercussioni crescenti sulla salute mentale della persona.

La terapeuta Tammy Nelson consiglia di tenere il più possibile presente che, anche se in questo momento si sta attraversando un momento molto difficile, si tratta di una fase di transizione che alla fine passerà. Aggiunge che questo periodo è davvero un periodo di lutto. Si tratta di piangere la visione che si aveva della propria relazione e tutto ciò che questa visione implica in termini di immagini mentali e aspettative passate (ad esempio, si immaginava una relazione fiduciosa e felice, non si pensava che il partner potesse avere una doppia vita con qualcun altro, ecc.). Come tutti i lutti, ci vorrà del tempo. La vostra relazione sta cambiando: non è e non sarà mai più come prima. E questo è un bene, perché è stata la situazione passata a favorire l'infedeltà.

Il Dr. Fauré consiglia di accettare che i cambiamenti devono essere fatti, da parte di entrambi i partner, se si vuole dare all'altro una possibilità.

Da evitare

Non abbiate fretta... Datevi il tempo di calmare la tempesta dentro di voi. Fate cose che vi danno piacere, che vi danno spazio. Può essere interessante praticare uno sport come lo yoga, per canalizzare le emozioni attraverso l'apprendimento della respirazione rilassante. Respirate profondamente, cercate di schiarirvi le idee quando tutto è frenetico, ad esempio praticando attività di rilassamento, sportive o creative.

In questa fase, non prendete decisioni importanti, tra cui quella di andarvene definitivamente o di restare. Lasciate che la testa si raffreddi prima di decidere. Secondo Robert Weiss (autore e terapeuta sessuale americano), la regola d'oro è quella di non fare grandi cambiamenti nei primi sei mesi del processo.

LA RICERCA DEL SIGNIFICATO

Quando la tempesta emotiva si è calmata, quando si è raggiunta una fase di stabilizzazione delle emozioni, è un buon momento per iniziare la fase di riflessione.

Questa fase può essere molto lunga (diversi mesi), poiché si cerca di capire i dettagli dell'infedeltà. È un lavoro di decostruzione dell'infedeltà con l'obiettivo di ricostruirvi personalmente.

Perché decostruire l'infedeltà? A parte le dipendenze sessuali, che sono un'"eccezione" per loro stessa natura, si scopre che l'infedeltà spesso deriva da una mancanza, una disfunzione nella coppia, un'insoddisfazione. È perché il partner cerca qualcosa che non riesce più a trovare all'interno della coppia che interviene. La persona di cui si innamora è spesso solo una compensazione che cade al momento giusto. La chiave della guarigione sta nel blocco della comprensione: bisogna capire cosa ha portato l'altro ad agire come ha fatto.

Come capire l'infedeltà? Dovete essere in grado di identificare la situazione iniziale, prima dell'infedeltà dirompente. Qual era la dinamica della vostra relazione? Avevate la sensazione che uno di voi decidesse tutto e l'altro lo seguisse? Eravate spesso d'accordo o in disaccordo su molte cose quotidiane? Uno di voi due serbava rancore nei confronti dell'altro? Uno dei due si è sentito trascurato dall'altro?

> *"Mi sono dato il tempo di prendermi la colpa, ho incontrato l'altro ragazzo, ho cercato di capire, ho ascoltato le diverse versioni, ho mostrato quanto ero stato ferito, ho parlato molto. (Erwan, 30 anni)*

Come si fa a sapere quando si è raggiunto un livello di comprensione sufficiente? Secondo Tammy Nelson, questo è il momento in cui i partner possono condividere la responsabilità di ciò che è accaduto prima dell'infedeltà, cioè di ciò che ha contribuito a causarla. In questo modo, il processo diventa un'esperienza condivisa tra i partner, non due esperienze individuali sommate.

Ad esempio, nel caso di un partner che tradisce il coniuge perché si sente trascurato, a parte l'iniziale mancanza di comunicazione sui propri bisogni, forse non è riuscito a comunicare in modo ottimale perché il partner stava attraversando una fase difficile nel lavoro, in cui era troppo coinvolto emotivamente, e il partner non era quindi in grado di ascoltare e di agire sulle aspettative dell'altro.

Durante questo periodo di riflessione, è consigliabile continuare a uscire in coppia. Sebbene sia ovviamente imbarazzante stare insieme, è meglio fare le cose con altri amici e familiari che idealmente non sanno dell'adulterio, in modo che non agiscano in modo parziale nei confronti vostri e del vostro partner. Andare al cinema, al ristorante, a cena con gli amici, giochi di società, attività all'aperto o al chiuso, tutto è buono per stare insieme e imparare a creare di nuovo una complicità con il partner.

 ## SUGGERIMENTI

Per quanto riguarda le attività a due, potete optare per le uscite che hanno funzionato bene all'inizio della relazione. Secondo il dottor Fauré, questo favorisce una dinamica positiva, evocando e ricordando i bei momenti trascorsi insieme... E questo crea gli altri. Cosa avete fatto con il vostro partner ai primi appuntamenti?

Questa fase di riflessione è anche un'opportunità per concentrarsi su se stessi come individui. Approfittate di questo periodo di ricerca di senso per prendervi cura della persona più importante della vostra vita: voi stessi! Concedetevi piccoli piaceri. Una volta al giorno, prendetevi del tempo per voi stessi, abbiate cura di voi stessi mentalmente e fisicamente. Intraprendete un'attività (sportiva, culturale o di altro tipo) che avete sempre voluto fare o che desiderate fare da tempo. Cercate di tornare alle basi: cosa è veramente importante per voi?

Mentre vi ricostruite, ricordate sempre che siete una persona interessante e che il fatto che il vostro partner si sia allontanato da voi non significa che non ne valete la pena. Ne vale la pena! Anzi, è molto probabile che il vostro partner lo sappia e si senta in colpa per avervi ferito.

Per guarire, dovete ritrovare voi stessi (in ciò che amate, in ciò che fate) e imparare ad amarvi così come siete, il che è certamente la cosa più difficile, perché l'infedeltà del vostro partner vi ha indubbiamente fatto vacillare sulle vostre qualità, sia psicologiche che fisiche. Ricreando il piacere e l'appagamento nella vostra vita, lo otterrete gradualmente.

LA DECISIONE: PARTIRE O RESTARE?

Ora che avete una visione più globale della vostra situazione, siete nelle condizioni giuste per prendere una decisione sul vostro futuro sentimentale. Solo voi potrete decidere cosa è meglio per voi. Restare o partire? Nessuno può scegliere per voi!

Prima di prendere una decisione, è importante che vi prendiate il tempo necessario per rendervi conto delle implicazioni del rimanere con il vostro partner e del lasciarlo. Ora vi accompagneremo in questo processo di consapevolezza.

DOPO L'INFEDELTÀ

QUANDO SI STA CON IL PROPRIO PARTNER

Rimanere significa accettare l'errore del partner, perdonarlo e lavorare per riparare la fiducia. Se perdonate o meno dipende esclusivamente dal vostro sviluppo emotivo in relazione alla situazione. Può quindi essere necessario un tempo variabile: il tempo di elaborare la rabbia, la tristezza e il risentimento. Non forzatevi.

Il perdono è un concetto soggettivo: mentre alcuni lo vedono come un vero e proprio lasciarsi alle spalle tutto il risentimento e dimenticare tutto quello che è successo, altri lo vedono più come l'atto di lasciar andare la rabbia – senza dimenticare i fatti. La chiave del perdono è comprendere le azioni della persona, riuscire a mettersi nei suoi panni (empatizzare), lasciare andare la rabbia e il risentimento e ricominciare da capo. La cosa più importante è proteggersi dagli effetti nocivi della rabbia e del risentimento a lungo termine; non volete che il risentimento vi divori dentro per il resto della vita.

Anche il vostro partner ha un ruolo da svolgere nel processo di perdono che state intraprendendo. È attraverso le sue azioni nei vostri confronti che potrete ripristinare o meno la vostra fiducia nella relazione. Secondo il Dr. Christophe Fauré, è essendo affidabile e rispettando i suoi impegni, sostenendovi nei momenti difficili, accettando la trasparenza mostrando le sue e-mail e i suoi messaggi e rispondendo alle domande sui suoi impegni o sulle sue riunioni che il vostro partner può aiutarvi a ripristinare la fiducia perduta.

Un partner affidabile è una persona che mantiene le sue promesse, che dice "sarò a casa dal lavoro a quest'ora" e lo fa davvero. Questi piccoli impegni quotidiani ricostruiranno la relazione, perché dimostrano che il vostro partner è una persona di cui potete fidarvi (di nuovo), che con lui/lei siete al sicuro, che fa prevalere la vostra relazione.

D'altra parte, anche se è naturale che ne sentiate il bisogno, "spiare" il vostro partner non vi aiuterà a ricostruire la fiducia. Se il vostro partner sente che non avete fiducia in lui/lei, può anche danneggiare la sua capacità di fidarsi di voi. Se decidete di dare una seconda possibilità alla vostra relazione, dovete farlo con tutto il cuore e allontanare i riflessi di sfiducia che molto probabilmente vi verranno. Non diventate paranoici.

È anche importante non nutrire risentimento nei confronti del partner, non alimentare le fiamme della rabbia, perché questo è troppo doloroso e distruttivo per entrambi. Questo è il potere liberatorio del perdono nel lungo periodo. Naturalmente, non sarà facile. Quindi non preoccupatevi se all'inizio i vostri sentimenti sono contrastanti: dovete procedere lungo questo percorso al vostro ritmo, tenendo conto della vostra evoluzione.

Come avrete capito, in questa fase l'elemento essenziale per ricostruire la fiducia è ovviamente la volontà di farlo insieme. La strada per la ricostruzione è lunga e pericolosa, e per affrontarla è necessaria una volontà incrollabile, perché porterà inevitabilmente a periodi di scompiglio, da entrambe le parti della coppia. Questo significa che, come persona tradita, dovete superare i dolorosi sentimenti contrastanti (tra odio e amore, tra speranza e disperazione, tra desiderio di vendetta e desiderio di andare avanti) per poter andare avanti. E l'unico modo per superare le ambiguità è rimanere determinati lungo il percorso.

Per il partner che tradisce tutto questo è ugualmente valido, anche se i sentimenti contrastanti sono di natura diversa (tra il senso di colpa e il bisogno di perdonarsi, tra la frustrazione di interrompere la relazione extraconiugale e il desiderio di riprenderla, tra i propri dubbi sulla coppia e le nuove certezze che si vogliono portare). Entrambi i partner devono voler davvero superare le difficoltà e lavorare insieme, di buon grado, per ricostruire la loro relazione.

 ## COME POSSIAMO COLLABORARE EFFICACEMENTE IN QUESTO PROCESSO DI RICOSTRUZIONE?

Per la persona che è stata ingannata :

- accettare le scuse e/o i rimorsi del partner quando questi li offre (questo non significa perdonare, ma accettare che l'altro sia dispiaciuto);
- cercare, per quanto possibile, di porre domande sull'infedeltà in uno o due grandi "trafiletti", senza tornare più volte sull'argomento in seguito;

- Lavorate dentro di voi per perdonare il vostro partner, senza fissare una scadenza, lasciando che il processo psicologico del perdono abbia luogo;
- esprimere la rabbia in modo non distruttivo e, nonostante i sentimenti difficili, garantire il mantenimento di un'atmosfera pacifica;
- evitare di far sentire il partner in colpa o di incolparlo regolarmente di infedeltà;
- lavorare sull'identificazione di ciò che ha favorito l'infedeltà da un punto di vista comportamentale, dal punto di vista delle dinamiche di coppia;
- di dare all'altra persona una possibilità.

Per la persona che ha tradito:

- rompere definitivamente con il terzo;
- essere paziente e accettare che il partner non possa perdonare "rapidamente";
- rispondere alle domande del partner sull'infedeltà quando lui le pone;
- lavorare sull'identificazione di ciò che ha contribuito all'infedeltà – da un punto di vista comportamentale e delle dinamiche di coppia –, da soli o insieme, in una terapia individuale o di coppia;
- accettare i compromessi ragionevoli richiesti dal partner;
- recuperare la loro stima anche attraverso piccoli gesti e piccole attenzioni per dimostrare loro quanto sono importanti per voi.

Se avete continuato con il vostro partner, è perché nella vostra relazione c'era più da salvare che da buttare. Per ripartire a lungo termine, è necessario stabilire una comunicazione efficace tra i partner. La comunicazione non violenta è sempre auspicabile, ma bisogna anche essere in grado di parlare dei propri sentimenti e bisogni. In caso di problemi, anche minori (ad esempio, la dimenticanza di fare i lavori di casa), parlatene con calma. Se non riuscite a comunicare apertamente sui dettagli, non sarete in grado di parlare di cose più importanti!

 ## ALCUNI PRINCIPI DI COMUNICAZIONE

Comunicare sembra a prima vista un'azione naturale e facile. Tuttavia, non è così e tra ciò che vogliamo trasmettere, ciò che trasmettiamo nostro malgrado, e ciò che l'altro capisce, a volte c'è un abisso. Il Dr. Christophe Fauré, nel suo libro *"Est-ce que tu m'aimes encore?"* ci ricorda che è preferibile seguire i seguenti principi di comunicazione:

- tenete presente che l'altra persona non può indovinare i nostri sentimenti ed emozioni profonde. Dobbiamo essere in grado di spiegarli all'altra persona in modo che possa capire la nostra situazione;

- quando parliamo dei nostri sentimenti personali, usiamo la prima persona singolare ("io"), poiché l'uso del "tu" potrebbe produrre un effetto di giudizio che non sarebbe auspicabile;

riformulare ciò che l'interlocutore sta dicendo nel tentativo di capire. Se non comprendiamo ciò che l'altro sta dicendo, la comunicazione è impossibile.

Anche il sesso è un buon rimedio per riallacciare i rapporti. Può essere liberazione, tenerezza e può davvero creare un momento di connessione intima. Questo non significa che bisogna forzarsi a fare sesso, ma il sesso può essere anche accarezzare o massaggiare, baciare i genitali, essere sensuale (spogliarello, lingerie). Riconnettersi sessualmente con l'altro è un processo vitale per la sostenibilità della relazione.

QUANDO SI LASCIA IL PARTNER

Una decisione straziante

La fine di una relazione sentimentale in cui si è investito molto è spesso estremamente dolorosa, a volte al punto da ostacolare la rottura. Tuttavia, è bene tenere presente che la partenza è la scelta più appropriata:

- se si sente il peso dell'adulterio in modo così forte da non riuscire a superarlo e da impedire qualsiasi prospettiva futura per la coppia;

- se il partner non ha rinunciato alla relazione adulterina nonostante voi abbiate chiarito che per voi non è accettabile;

- quando il partner non vuole lavorare su di lui/lei. In effetti, il rifiuto di riflettere su quanto è accaduto ostacola l'intero processo di ricostruzione della fiducia di cui abbiamo appena parlato.

> *"Purtroppo sono rimasta con il mio compagno, la soluzione peggiore. [...] La fiducia è stata distrutta da quel momento in poi e questo è il genere di cose che non si possono ricostruire. Mi ha anche tradito molte altre volte prima che trovassi finalmente la forza di lasciarlo per sempre e di interrompere ogni contatto. (Erwan, 30 anni)*

Va notato che a volte la relazione è destinata a fallire perché i partner non si amano più veramente, non condividono più valori o obiettivi e si trascurano a vicenda. Alla fine, l'adulterio era solo una manifestazione sintomatica di una relazione che stava lentamente morendo.

> *"Ciò che mi ha aiutato a riprendermi da quella relazione tossica è stato il mio lavoro, all'inizio continuavo a fare progetti, dovevo evitare di pensare. Non ho avuto una relazione seria per tre anni, non perché volessi aspettare tre anni, ma perché stavo scappando dalle donne da cui ero davvero attratto. Solo occasionalmente ho visto un amico di sesso. Ho partecipato ad alcune sedute con uno psicologo, ma ero troppo bloccata per parlarne.*
>
> *In realtà, ciò che mi ha aiutato, è strano, ma è stato incontrare la mia ex con il suo nuovo ragazzo. Era così imbarazzata quando mi ha visto, così imbarazzata che ho capito che probabilmente andava ancora a letto in giro e che*

> *il suo ragazzo probabilmente non sapeva cosa stesse facendo. [...] E ho anche capito che era lei ad avere il vero problema, non io.*

> *Sto con una ragazza da quasi tre anni, siamo andati a vivere insieme un anno fa. Non ho mai controllato il suo cellulare, le sue e-mail o altro, mi fido di lei anche se all'inizio ho dovuto lottare un po' a causa della mia ex. Mi fido perché parliamo molto, apertamente, è un vero cambiamento rispetto al mio ex. (Jeremy, 32 anni)*

 TEST

Domande da porsi quando si decide se restare o no. Più sono i "sì", migliore è la situazione per la permanenza.

Il mio partner ha rinunciato alla sua relazione adulterina?

Penso di potermi fidare di nuovo del mio partner?

Sto davvero ricominciando a fidarmi di lui?

Mi sono lasciato alle spalle l'adulterio?

Ho perdonato il mio partner?

Il mio partner mi ha dimostrato, con le sue azioni, di tenere a me e di voler davvero ricostruire una relazione con me?

Vedo un futuro con il mio partner?

Investire in una nuova relazione

Vi consigliamo di non cedere al primo battito del cuore per qualcun altro, di lasciare che il lutto della vostra relazione si svolga a suo tempo.

Ma come si fa a sapere se il lutto di una relazione è finito? Si può ritenere di essere guariti quando la rievocazione di ricordi felici non provoca più dolore, quando non si ha più la minima speranza di ricominciare con l'altra persona e quando non si confrontano tutti i dettagli di una nuova relazione con quella vecchia. Non è un compito facile! E non dimentichiamo che il periodo di lutto (o di latenza) tra due relazioni è fondamentale: serve a ricentrarsi su se stessi, a capire tutto ciò che è andato storto nella dinamica della relazione per evitare di commettere gli stessi errori in seguito.

Il motivo per cui questo tema del lutto della relazione passata è così importante è che si può avere una relazione di fiducia con una nuova persona, degna di essere amata per se stessa, e non come "fase di transizione" dalla vecchia relazione. D'altra parte, anche voi meritate di godervi questa nuova relazione senza essere perseguitati dal fantasma di quella vecchia.

> *"Quando ho scoperto l'infedeltà del mio ex marito, il mio mondo è crollato. [...] Forse sono stata troppo impulsiva, gli ho chiesto di andarsene il giorno stesso, e di darmi un mese per uscire di casa, il tempo di trovare un appartamento [...]. Mi sono rifiutata di parlare. Non volevo*

CREARE UNO SPAZIO DI DISCUSSIONE

L'infedeltà è una vera e propria tempesta che spazza via tutto ciò che incontra: fiducia in se stessi, fiducia nell'altro, certezze sulla coppia, visione del futuro. Lascia un caos che deve essere riorganizzato in qualcosa di praticabile.

Sostegno da parte di familiari e amici

Quando ci troviamo in situazioni delicate (nel contesto di un'infedeltà, che fa vacillare le certezze che avevamo sulla nostra relazione, sul futuro), tendiamo a rivolgerci a persone fidate come i nostri familiari ed amici per parlare dei nostri problemi. Questo è abbastanza naturale ed è ovvio che si tratta di un sostegno molto importante nei momenti difficili.

Tuttavia, se riescono a sollevarci ascoltandoci e rendendosi disponibili, può accadere che influenzino anche la nostra percezione delle cose, e non sempre in modo costruttivo. Questo accade quando, essendo molto coinvolti emotivamente con noi, possono giudicare le situazioni e incoraggiare le azioni guidandoci verso soluzioni influenzate dalla loro percezione soggettiva della situazione. In momenti di grande confusione emotiva, possono anche, spesso inconsapevolmente, condurci in direzioni non adatte a noi e di cui potremmo poi pentirci.

Inoltre, raccontare le conseguenze dell'infedeltà può avere gravi conseguenze a lungo termine: se rimanete con il vostro partner, i vostri amici o familiari non avranno dimenticato le vostre confessioni "a caldo", a volte arrabbiate ed esagerate. Pertanto, affrontate le discussioni con familiari e amici con grande cautela, per non pentirvi in seguito. Come regola generale, parlate solo con poche persone di cui vi fidate completamente e che non tendono a giudicare.

La terapia

La questione principale è ovviamente quella della terapia, individuale o di coppia. Anche se non è uno strumento essenziale per tutti – non tutti ne hanno bisogno – sappiate che questo approccio vi permetterà di avere uno spazio per parlare ed esprimervi, senza alcun giudizio.

Il terapeuta non è lì per dirvi cosa fare; è lì per ascoltarvi e aiutarvi a lavorare sulla vostra percezione delle cose. Il grande vantaggio di questo spazio è che permette di lavorare sui comportamenti disfunzionali che disturbano le dinamiche di coppia. Il terapeuta vi aiuterà a identificare gli schemi problematici – spesso ripetitivi e, ovviamente, inconsci – che hanno portato alla situazione che ha portato all'adulterio.

L'obiettivo è quello di lavorare sui vostri comportamenti, sulle vostre percezioni, individualmente e/o come coppia, per comunicare in modo più armonioso, sia in generale che in modo più specifico in termini di bisogni, desideri, gestione dei conflitti, ecc. Ad esempio, nella terapia di coppia, a volte si chiede a ciascun partner di interpretare la posizione dell'altro per capire il suo punto di vista in situazioni "pratiche" della vita quotidiana.

Un processo terapeutico vi permetterà di lavorare sulle vostre emozioni e percezioni. Quando la sofferenza continua ad essere molto intensa, questo può essere il miglior aiuto che potete offrire a voi stessi. Siate consapevoli, tuttavia, che il recupero completo dall'infedeltà è un processo lungo e richiede tempo, anche con l'aiuto della terapia.

FAQ

È COLPA MIA SE IL MIO PARTNER È STATO INFEDELE?

No, non è colpa tua. Anche se l'infedeltà è spesso radicata in una mancanza sentita nella relazione, questo non significa che siete colpevoli. A parte la dipendenza dal sesso, che è un caso molto particolare, il vostro partner vi ha tradito perché ha cercato di colmare il vuoto, invece di comunicare con voi sul problema. Spesso il disagio relazionale è inconscio e l'atto di adulterio funge da indicatore di questo disagio.

DEVO CHIEDERE AL MIO PARTNER DI RACCONTARMI SUBITO LE CIRCOSTANZE DELL'INFEDELTÀ?

Dipende interamente dalla vostra personalità, dalla vostra sensibilità. In generale, è meglio conoscere le linee generali della storia all'inizio. Quando la tempesta emotiva è passata e le cose si sono calmate, e siete pronti a comunicare con il vostro partner, chiedetegli cosa volete sapere. Ma tenete presente che conoscere tutti i dettagli può essere assolutamente distruttivo per alcune persone (ad esempio, quando porta ad un confronto malsano della vostra immagine personale), mentre per altre libera la mente da tutti i problemi che si stanno rivangando (e in seguito si può andare avanti più facilmente).

Pensate di poter affrontare quello che state per sentire? Chiedetevi perché volete saperlo. Sappiate che in tutti i casi è meglio pianificare uno spacchettamento unico in cui domare al massimo le emozioni e fare tutte le domande che volete fare, piuttosto che tornare ripetutamente a chiedere sempre più dettagli. Quest'ultima non può che essere dolorosa per entrambi. Per voi, perché sarà come rigirare un coltello in una ferita, e per il vostro partner, perché può diventare difficile conviverci in termini di senso di colpa, e anche per il lutto della sua relazione adulterina.

Cosa succede se il vostro partner si rifiuta di rispondervi? Se il vostro partner è emotivo e non riesce a parlare perché è confuso, dovrete avere pazienza. Chiedetegli di rispondervi nei prossimi giorni, dategli il tempo di organizzare i suoi pensieri, di pensare a come presentarvi le cose. Su due piedi, qualcuno può descrivere i propri sentimenti in modo del tutto irrealistico.

IL MIO PARTNER PROBLEMI DI DIPENDENZA SESSUALE?

Se il vostro partner mostra il bisogno di fare sesso, masturbarsi o guardare video pornografici in modo compulsivo ogni giorno, probabilmente soffre di dipendenza sessuale. Non potete fare nulla al riguardo, se non incoraggiarlo a cercare aiuto da un terapeuta.

Detto questo, perché il trattamento sia efficace è necessario che il vostro partner voglia davvero fare qualcosa per risolvere il suo problema; come l'alcolismo, la dipendenza sessuale è difficile da trattare. Dovete anche essere consapevoli che il vostro partner ha continui bisogni sessuali e se accettate di stare con lui/lei, dovete aspettarvi ricadute, cioè che il vostro partner vi tradisca di nuovo (e questo ovviamente non sarà colpa vostra).

COSA POSSIAMO FARE CONCRETAMENTE IO E IL MIO PARTNER INFEDELE PER RICOSTRUIRE LA NOSTRA RELAZIONE?

Da parte del vostro partner, si tratta di rinunciare alla terza relazione. Prima lo farà, prima potrete dedicarvi alla ricostruzione del vostro rapporto. Il vostro partner dovrà anche riconquistare la vostra fiducia mostrandosi affidabile nei vostri confronti e dimostrando con piccoli (o anche grandi!) gesti il suo attaccamento.

Da parte vostra, dovete lasciarvi andare: ci vorrà tutto il tempo necessario, ma finché non riuscirete ad andare avanti completamente, la ricostruzione sarà difficile.

SONO COSÌ ARRABBIATO PER L'INFEDELTÀ DEL MIO PARTNER CHE VOGLIO AVERE ACCESSO AL SUO CELLULARE, ALLE SUE E-MAIL E AI SUOI SITI DI SOCIAL NETWORK: È RAGIONEVOLE?

Non si può ricostruire una coppia senza la fiducia reciproca. Vi consigliamo di concedere al vostro partner un po' di privacy, un giardino segreto, nonostante l'adulterio. Lui/lei si sentirà di nuovo perdonato/a e fiducioso/a nei vostri confronti: questa è una buona base per riavviare la vostra relazione!

Tuttavia, se il vostro partner nasconde il cellulare, cancella frequentemente la cronologia del computer o si comporta in modo misterioso con questi mezzi tecnologici, chiedetegli di spiegare il motivo e non esitate a confrontarvi con lui per scoprire se vi sta tradendo.

COME FACCIO A SAPERE SE DEVO LASCIARE IL MIO PARTNER O RIMANERE CON LUI/LEI?

Questa domanda si ripresenterà più avanti nel vostro percorso emotivo. Gli esperti consigliano di aspettare almeno sei mesi prima di prendere una decisione importante, per evitare situazioni di cui potreste pentirvi. Lo scopo dell'attesa e del lavoro su se stessi è quello di riuscire ad identificare i meccanismi disfunzionali che hanno portato ad una situazione che ha favorito l'infedeltà, e anche se in seguito lascerete il vostro partner, almeno avrete imparato qualcosa sul vostro funzionamento e sulle dinamiche della vostra relazione.

DOBBIAMO PARLARNE CON I BAMBINI, E COME?

No, non dovete dire ai vostri figli dell'infedeltà. Naturalmente capiranno che è successo qualcosa di importante e grave, ma non devono necessariamente conoscere i dettagli della controversia o della separazione. Vi consigliamo di non dirglielo, ma di rispondere comunque alle loro domande. Naturalmente, è meglio aver concordato con il partner cosa si può o non si può dire e in che modo.

Può sembrare una posizione estrema sull'argomento, ma è importante proteggere i vostri figli dal punto di vista emotivo. Per esempio, è *meglio che le* discussioni accese tra i partner avvengano quando i bambini non sono presenti e non devono mai essere coinvolti in discussioni e risentimenti. I vostri figli non sono la vostra coppia e non dovrebbero conoscere la vostra vita di coppia se non dal punto di vista familiare.

PER ANDARE OLTRE

FONTI BIBLIOGRAFICHE

BAHR (Anna), "Infidelity Linked to "Sexual Personality": University of Guelph Study", in *huffingtonpost.com*, 8 marzo 2011, visitato il 14 aprile 2017. http://www.huffingtonpost.com/2011/08/03/sexual-infidelity-dependent-on-personality_n_913800.html

BOUTON (Eloïse), "Il poliamore può davvero funzionare?", in *lesinrocks.com*, 11 febbraio 2017, consultato il 10 aprile 2017. http://www.lesinrocks.com/2017/02/11/actualite/polyamour-vraiment-marcher-11912074/

BREINES (Juliana), "Quanto è probabile che il tuo partner ti tradisca?", in *psychologytoday.com*, 30 marzo 2014, consultato il 4 aprile 2017. https://www.psychologytoday.com/blog/in-love-and-war/201403/how-likely-is-your-partner-cheat

BRYNER (Jeanna), "*Surviving Infidelity: What Wives Do When Men Cheat*" (*Sopravvivere All'Infedeltà: Cosa Fanno Le Mogli Quando Gli Uomini Tradiscono*), in *livescience.com*, 13 marzo 2008, consultato il 4 aprile 2017. http://www.livescience.com/4859-surviving-infidelity-wives-men-cheat.html

CAMPBELL (Debra), "Can Your Relationship Survive Infidelity?", in *huffingtonpost.com*, 20 dicembre 2016, accesso 4 aprile 2017. http://www.huffingtonpost.com/debra-campbelltunks/can-your-relationship-sur_1_b_-13734046.html

FAURÉ (Christian), *Est-ce que tu m'aimes encore?* Parigi, Albin Michel, 2013.

GOLDEN (Beverley), "Is Monogamy Natural for Humans?", in *huffingtonpost.com*, [1] giugno 2011, visitato il 12 aprile 2017. http://www.huffingtonpost.com/beverley-golden/is-monogamy-natural_b_867760.html

NELSON (Tammy), "Posso superare una relazione? Le tre fasi del recupero", in *huffingtonpost.com*, 23 marzo 2013, visitato il 4 aprile 2017. http://www.huffingtonpost.com/tammy-nelson-phd/can-i-get-over-an-affair-_b_2911106.html

PARKER-POPEOCT (Tara), "Love, Sex and the Changing Landscape of Infidelity", in *nytimes.com*, 28 ottobre 2008, consultato il 12 aprile 2017. http://www.nytimes.com/2008/10/28/health/28iht-28well.17304096.html

WEINER-DAVIS (Michele), "10 Things You Must Know About Infidelity and Cheating", *huffingtonpost.com*, 12 maggio 2015, consultato il 4 aprile 2017. http://www.huffingtonpost.com/michele-weinerdavis/10-things-you-must-know-a_b_7247708.html

WEISS (Robert), "Gestire l'infedeltà del partner? 6 cose da fare e da non fare", in *psychologytoday.com*, 9 luglio 2014, consultato il 4 aprile 2017. https://www.psychologytoday.com/blog/love-and-sex-in-the-digital-age/201407/dealing-your-partners-infidelity-6-dos-and-donts

WONG (Brittany), "If You've Just Been Cheated On, Here's What To Do Next", in *huffingtonpost.com*, 8 marzo 2016, consultato il 4 aprile 2017. http://www.huffingtonpost.com/entry/what-to-do-after-being-cheated-on_us_56df2e3ee4b0ffe6f8eb281c

WONG (Brittany), "Ho appena scoperto di essere stata tra-dita. Now What Do I Do?", in *huffingtonpost.com*, 10 set-tembre 2015, consultato il 4 aprile 2017. http://www.huffingtonpost.com/entry/i-just-discovered-i-was-cheated-on-now-what-do-i-do_us_55f09e33e4b093be51bd6a2d

ZIMMER (Carl), 'Monogamy and Human Evolution', in *nytimes.com*, 2 agosto 2013, visitato il 14 aprile 2017. http://www.nytimes.com/2013/08/02/science/monoga-mys-boost-to-human-evolution.html

Vogliamo sapere da voi!
Lasciate un commento sulla vostra biblioteca online
e condividete i vostri libri preferiti sui social media!

L'editore garantisce l'affidabilità delle informazioni pubblicate, che non possono tuttavia impegnare la sua responsabilità.

Master ISBN: 9782808608251
ISBN cartaceo: 9782808609463
Deposito legale: D/2023/12603/131

Design digitale: Primento,
il partner digitale degli editori.